BEI GRIN MACHT SICH IHR WISSEN BEZAHLT

- Wir veröffentlichen Ihre Hausarbeit,
  Bachelor- und Masterarbeit

- Ihr eigenes eBook und Buch -
  weltweit in allen wichtigen Shops

- Verdienen Sie an jedem Verkauf

Jetzt bei www.GRIN.com hochladen und kostenlos publizieren

Liane Storz

Der Teufel trägt Prada: Herausarbeitung der Protagonistin in Buch, Film und Medien

GRIN Verlag

Bibliografische Information der Deutschen Nationalbibliothek:

Die Deutsche Bibliothek verzeichnet diese Publikation in der Deutschen National-
bibliografie; detaillierte bibliografische Daten sind im Internet über http://dnb.d-
nb.de/ abrufbar.

Impressum:

Copyright © 2008 GRIN Verlag GmbH
Druck und Bindung: Books on Demand GmbH, Norderstedt Germany
ISBN: 978-3-640-89380-5

Dieses Buch bei GRIN:

http://www.grin.com/de/e-book/127166/der-teufel-traegt-prada-herausarbeitung-
der-protagonistin-in-buch-film

GRIN - Your knowledge has value

Der GRIN Verlag publiziert seit 1998 wissenschaftliche Arbeiten von Studenten, Hochschullehrern und anderen Akademikern als eBook und gedrucktes Buch. Die Verlagswebsite www.grin.com ist die ideale Plattform zur Veröffentlichung von Hausarbeiten, Abschlussarbeiten, wissenschaftlichen Aufsätzen, Dissertationen und Fachbüchern.

Thema:

„Der Teufel trägt Prada – Herausarbeitung der Protagonistin
in Buch, Film & Medien"

Seminararbeit im Fach: <u>Deutsch</u>

Tamara, Storz
Staatliche Fachoberschule Landsberg, Klasse W13
1. Oktober 2008

Inhaltsverzeichnis

Vorwort

Nach der Erscheinung von Lauren Weisberger's Roman „Der Teufel trägt Prada" gab es einige Furore, denn die Ähnlichkeit ihrer Protagonistin, Miranda Priestly, mit ihrer ehemaligen Chefin Anna Wintour, Chefredakteurin der bedeutendsten amerikanischen Modezeitschrift, der Fashion-Bibel Vogue, ist verblüffend. Generell muss dies nichts Schlimmes bedeuten, doch Anna Wintour bzw. Miranda Priestly wird mit dieser Geschichte in kein sehr gutes Licht gerückt.

Spätestens seit dem Jahr 2006, in dem Weisberger's Roman verfilmt wurde, ist diese, angeblich so schreckliche, Frau weltweit bekannt. Deshalb nehme ich mir in meiner Seminararbeit vor, Anna Wintour alias Miranda Priestly näher zu beleuchten.
Dabei interessiert es mich, wie die Protagonistin in Buch und Film dargestellt wird und natürlich damit verbunden, was man hierbei für einen Eindruck von dieser Frau gewinnt.

Ein weiterer wichtiger Punkt meiner Betrachtung sind die Medien. Hierbei wollte ich herausfinden, wie diese über Anna Wintour berichten und welches Bild man durch die Berichterstattung, von der einflussreichsten Modejournalistin der Welt, erhält. Interessant war natürlich auch die Frage, ob sich dieses Medienbild mit Buch und Film deckt, oder sich die Darstellungen eher unterscheiden.

Ein besonderes Anliegen war es mir ebenfalls, herauszufinden, ob die amerikanische Vogue-Chefredakteurin wirklich so ein schrecklicher Mensch bzw. eine so schlechte Vorgesetzte ist, oder ob sie nur überspitzt und zum Teil verzerrt in Buch, Film sowie Medien dargestellt wird. Alles in allem stellte ich mir die Frage: „Ist Anna Wintour bzw. Miranda Priestly wirklich so ein ‚Teufel'?"

1. Einleitung: Der Teufel trägt Prada

Andrea Sachs ist eine frischgebackene College Absolventin, die davon träumt als Journalistin tätig zu sein. Am liebsten würde sie für den „New Yorker" arbeiten, doch vorläufig kann sie froh sein, wenn sie überhaupt einen Job erhält. Daher ist sie ziemlich überrascht als ihr bereits nach dem ersten Vorstellungsgespräch ein Job angeboten wird, um den sie Millionen von jungen Frauen beneiden. Denn Andrea bekommt die Chance, als Juniorassistentin für die sagenumwobene Miranda Priestly – Chefredakteurin der Modezeitschrift Runway – zu arbeiten. Mit Antritt dieser Stelle taucht Andrea in eine völlig neue Welt ein, eine Welt in der Namen wie Gucci, Prada und Versace mehr zählen als Politik, Familie und Krieg. Die Menschen dort sehen aus als wären sie den Modezeitschriften entsprungen – perfekt, perfekter, am perfektesten – und Miranda Priestly ist ihre Königin. Sie alleine ist dazu im Stande, Menschen mit nur einem Blick in ein Häuflein Elend zu verwandeln. Andreas einzige Aufgabe ist es Miranda jeden Wunsch von den Augen abzulesen und das 24 Stunden am Tag. Deshalb ist es auch keineswegs verwunderlich, dass Andrea schon bald befürchtet, durchzudrehen.[1]

„Kann ein Mensch so schrecklich sein?" Das war die Frage, die ich mir als erstes stellte, als ich mit Lesen des Buches „Der Teufel trägt Prada" fertig war. Denn während man das Buch liest, bekommt man mehr und mehr das Gefühl, das Miranda Priestly eine schlechte Vorgesetzte ist bzw. viel zu hohe Ansprüche an ihre Mitarbeiter stellt. Da diese fiktive Chefin in den Medien oft mit der ehemaligen Chefin der Autorin, also mit der Vogue Chefredakteurin Anna Wintour, verglichen wird, werde ich im Laufe dieser Arbeit versuchen herauszufinden, wie viel Ähnlichkeit wirklich zwischen den beiden Frauen besteht und ob sie ihrem Ruf gerecht werden.

2. Darstellung der Protagonistin in den Medien

2.1 Kurzbiographie von Anna Wintour

Anna Wintour wurde am 3. November 1949, als Tochter von Charles Wintour und Eleanor Trego Baker, in London geboren. Sie wuchs dort mit drei ihrer vier Geschwister auf, denn ihr ältester Bruder, Jackson Wintour, starb bereits im Kindesalter. Mit gerade mal 16 Jahren verließ sie die Schule und beschloss, anders als erwartet, nicht auf

---

[1] vgl. Weisberger 2004, S.2

das College zu gehen, sondern eine Ausbildung im Londoner Nobelkaufhaus Harrods zu machen. Schon fünf Jahre später, im Jahr 1970, begann sie ihre Karriere als Modejournalistin bei der britischen Zeitschrift Harper's Bazaar, die zu diesem Zeitpunkt. mit der Zeitschrift Queen, zu Harpers & Queen fusionierte. Sechs Jahre später ging sie dann nach New York City, um dort bei Harper's Baazar eine Stelle als Moderedakteurin anzunehmen. Im Jahre 1984 heiratete Wintour den Kinder-Psychiater David Shaffer, mit dem sie zwei gemeinsame Kinder hat. Zwei Jahre nach der Hochzeit wurde Anna von der britischen Vogue nach Hause geholt, um dort die Stelle als Chefredakteurin anzutreten. Zwei Jahre lange arbeitete sie in dieser Position, bis sie 1988 wieder zurück in die USA ging, um dort den Posten der Chefredakteurin der amerikanischen Vogue einzunehmen. 1999 ließ sie sich von Ehemann David Shaffer scheiden. Bis heute hält sie die Stelle der Chefredakteurin und gilt als eine der mächtigsten Frauen der Modewelt.[1]

2.2 Darstellung ihrer Person/Arbeit in den Medien

Anna Wintour ist in den Medien sehr beliebt. Doch leider nicht im wahrsten Sinne des Wortes. Beliebt ist sie im Bezug auf die Häufigkeit, in der über sie berichtet wird, blickt man allerdings auf die Inhalte der Berichterstattungen, so fällt rasch auf, dass sie dort nur wenige Lorbeeren erntet. Es wird häufig Kritik an ihr, ihrer Art oder sogar an ihrer Lebensweise geübt. Einer der Vorwürfe, der gegen Anna Wintour erhoben wird, ist, dass sie vollkommen abgeschottet lebt und geradezu unnahbar ist. Anja Reich beschreibt dies, in ihrem Artikel „Frau im Spiegel", sehr treffend mit den Worten: „ Wintour schottet sich ab wie ein sizilianischer Mafiaboss"[2]. Hierbei erkennt man deutlich die Intensität, in der das abgeschottete Dasein der Modejournalistin wahrgenommen wird, denn schwerer wie ein Mafiaboss ist so gut wie niemand aufzufinden. Auch was ihre Unnahbarkeit angeht, macht Frau Reich in ihrem Bericht eine treffende Gegenüberstellung. Sie vergleicht diese mit Macht und behauptet: „Wenn man Macht daran erkennt, wie unnahbar jemand ist, dann muss Anna Wintour sehr mächtig sein."[3] Auch bei der Betrachtung anderer Berichterstattungen über Anna Wintour, bekommt man schnell den selben Eindruck. Immer wieder wird beschrieben, wie Sie die Öffentlichkeit meidet und vor allem versucht, dem Medienrummel zu entfliehen. Interviews mit ihr sind zu einer Rarität geworden. Erklärt sie sich doch einmal zu einem bereit, so sind ihre

---

[1] vgl. Vogue.de/Anna Wintour, 2008
[2] Reich, 2004
[3] Reich, 2004

Antworten steht's kurz und knapp und sie gibt den Interviewern, sowie den Lesern, das Gefühl, sie würde dies so schnell wie möglich hinter sich bringen wollen. Oft wird in diesem Zusammenhang auch von einer Kälte gesprochen die, die Mode-Päpstin ausstrahlt. Carine Roitfeld, Chefredakteurin der französischen Ausgabe der Vogue, bezeichnete ihre Kollegin in einem Interview als „Marionette, eine leere Hülle".[1] Dies lässt insofern auf die Kälte Wintours schließen, da eine Marionette bzw. eine leere Hülle bekanntlich kein Herz hat, und ohne dieses scheint ein Mensch seine Gefühle zu verlieren und sprichwörtlich abzukühlen. Die Kälte Wintours zeigt sich auch bei ihrer Arbeit, was Lars Jensen, Autor des Artikels „Die Frau, die aus der Kälte kam", beschrieb mit den Worten: „Den Thron verteidigt sie unnachsichtig wie ein mittelalterlicher Despot[2], was ihr den Spitznamen ‚Nuclear[3] Wintour' eingebracht hat"[4]. Hierbei ist die Kälte wohl eher als Überbegriff für Eigenarten, wie Rücksichtslosigkeit oder Unbarmherzigkeit, zu verstehen. Diese Eigenschaften beschreiben, wie Anna Wintour, egal in welcher Situation, ohne die geringste Gefühlsregung ihren Chefsessel bei der amerikanischen Vogue verteidigt.

Ein weiterer wichtiger Aspekt in der Betrachtung ist die Angst, die Anna Wintour bei ihren Angestellten und einigen Personen in der Modewelt hervorruft. Diese fürchten ihre Reaktionen, egal ob auf gestellte Aufgaben oder Neuigkeiten, und damit verbunden, auch die Konsequenzen die aus ihnen entstehen. Im Vanityfair Forum beschreibt der User „hanskainz" sehr treffend, was sich die Menschen in Anna Wintours Umgebung zu Herzen nehmen sollten: „Es ist keine gute Idee sich mit einer Fashion Göttin anzulegen"[5]. Liest man diejenigen Darstellungen, in denen es um irgendwelche Streitereien zwischen Anna Wintour und einer anderen Partei geht, fällt schnell auf, warum er mit dieser Aussage recht hat. Nahtlos ist hierbei zu erkennen, dass „Anna Wintour [..] noch nie jemand besiegt [hat]"[6]. Verwunderlich ist es deshalb auch nicht, dass Hammilton Nolan in seinem Report über die gefürchtete Wintour schreibt: „Do not make her jealous"[7]. Am meisten Angst verbreitet sie, laut Medienberichten, unter ihren Angestellten. Widerworte oder gar Verweigerung akzeptiert sie nicht, und Fehler bzw. kleine Missgeschicke, bezeichnet die Chefredakteurin als Unfähigkeit und ahndet diese mit Drohungen und Bestrafungen.

---

[1] vgl. Soll die mächtige Anna Wintour gestürzt werden?, 2008
[2] Despot = ein Herrscher, der sich keiner Verfassung und keinen Gesetzen verpflichtet fühlt.
[3] Nuclear = atomar, nuklear
[4] Jensen, 2006
[5] hanskainz, 2007
[6] Reich, 2004
[7] Nolan, 2008

Dies alles lässt auch nicht überraschen, dass Marcus Luft in seinem Artikel „Ihr Thron wackelt" behauptet: „Ihre Ansage ist Gesetz"[1].

Eine weitere Erklärung für die ängstlichen Gefühle die Anna Wintour auslöst kann in ihrem Einfluss und der damit verbundenen Macht gefunden werden, denn Macht kann durchaus einschüchternd wirken. Das sie mächtig ist steht fest, doch wie mächtig hält Anja Reich, in ihrem Bericht „Frau im Spiegel" fest: „Die New York Times schreibt, sie sei die mächtigste Frau der Modewelt"[2]. Da Macht unmittelbar im Zusammenhang mit Einfluss steht, hat Anna Wintour viele Möglichkeiten und nützliche Beziehungen, wodurch sie wiederum an Macht über andere gewinnt. Besonders davon betroffen sind Designer, denn für ihre Arbeit sind Zeitschriften wie die Vogue, also Anna Wintour, überlebenswichtig. Eine New Yorker Modejournalistin schrieb in einem ihrer Artikel, dass alle Designer abhängig von Anna Wintour seien[3]. Daher scheinen ihre Macht und ihr Einfluss in der Modebranche keine Grenzen zu kennen.

Begibt man sich auf die Suche nach positiven Berichterstattungen über die Vogue-Chefredakteurin, so bleibt der Erfolg zunächst aus. Erst bei genauerer Betrachtung der Reporte fallen kleinere „Zugeständnisse" auf. So wird in dem Report „Frau im Spiegel" von ihrer starken Willenskraft gesprochen[4], wodurch der Leser ein Gefühl der Bewunderung für Anna Wintour bekommt. Die Bewunderung ihrer Person beschränkt sich jedoch meistens auf die Arbeit, wie Robin Givhan in ihrem Aufsatz „The Editor who keeps Vogue in Fashion" beschreibt. Die Aussauge „Anna Wintour is the only fashion editor whose name is likely to be recognized by those who have never purchased a copy of Vogue but are close readers of the Economist"[5] ist nur eine der bewundernden Aussagen, die in diesem Artikel zu finden sind. Givhan beschreibt Wintour auch als eine kulturelle Ikone und schreibt ihr die Entwicklung der US-Vogue zur selbigen zu[6]. Geht es allerdings um ihr Privatleben, so klingen positive Berichterstattungen eher wie „Hörensagen". Hierfür liefert Jan Lensen in seinem Report ein passendes Beispiel: „Privat, heißt es, sei sie gar nicht so fies. Ihren zwei Kindern soll sie eine liebevolle Mutter sein."[7]

---

[1] Luft, 2008
[2] Reich, 2004
[3] Reich, 2004
[4] vgl. Reich, 2004
[5] Givhan, 2008
[6] vgl. Givhan, 2008
[7] Jensen ,2006

Durch das studieren der Artikel über Anna Wintour erhält man schnell den Eindruck, dass dieses sog. Hörensagen auf die Vorsicht der Autoren zurückzuführen ist. Entweder aus Furcht, Wintour selbst gegenüber, oder aber, um nicht den Eindruck einer positiven Berichterstattung zu vermitteln, da diese nicht halb so beliebt sind wie negative Berichte.

Zusammenfassend lässt sich auch nach genauer Betrachtung Anna Wintours in den Medien nicht zu 100% sagen, was von ihr gehalten wird. Jedoch ist klar, dass sie bevorzugt als die herrische Chefin, und eher selten, als die liebende Mutter dargestellt wird. Auch ihre kühle, unnahbare Art ist gern verwendeter Stoff in den Berichten über sie. Müsste man Wintour in einem Satz zusammenfassen, könnte dort stehen: „ Anna Wintour ist eine gefürchtete und sehr mächtige Frau, die für ihre Arbeit Bewunderung verdient".

2.3 Anna Wintours Selbstdarstellung

Jeder Mensch möchte der Gesellschaft bzw. den Personen in seiner Umgebung ein bestimmtes Bild von sich vermitteln. Der eine mutig und risikofreudig, der andere sanft und liebevoll. So versucht auch Anna Wintour ein gewisses Bild von sich darzustellen. In Anna Wintours Welt dreht sich alles um Mode, so ist es auch nicht verwunderlich, dass sie selbst nach Mode aussieht. Ein Teil ihrer Selbstdarstellung ist deshalb ihre äußere Erscheinung. Besonders auffällig dabei ist, dass sich ihr Aussehen über die Jahre kaum verändert hat. Sie ist für ihren einzigartigen Style bekannt. Der kurze Bob, mit durchgehendem Pony, der immer in der selben Länge und fast immer in der selben Farbe ist, die stets auftauchende Sonnenbrille und ihr sehr modebewusster, eleganter Kleidungsstil, gehören zu ihrem unverwechselbaren Look. Wie sie sich damit in der Öffentlichkeit präsentieren möchte ist fraglich, doch es gibt mehrere Interpretationsmöglichkeiten. Zum einen könnte sie versuchen, Beständigkeit auszustrahlen, denn bei ihr muss man, zumindest äußerlich, nie mit bösen Überraschungen rechnen. Auch könnte sie versuchen, mit ihrem Erscheinen eine gewisse Seriosität zu repräsentieren, denn ihr Stil ist sehr bodenständig und in keinster Weise durchgeknallt. Sie ist eine wichtige Persönlichkeit in der Modebranche und deshalb ist es wichtig für sie, ernst genommen zu werden. Dies kann man natürlich mit einem Style der vergleichbar wäre mit Paris Hilton, nicht erreichen.

Eine dritte Möglichkeit, dies zu interpretieren, ist die Betrachtung aus Sicht der Medien. In diesen wird sehr viel, insbesondere über Styleprofis, sowie über schlimme Style-fauxpas der Reichen und Schönen berichtet. So lässt sich vermuten, dass Anna Wintour so perfekt wie möglich aussehen möchte, um den Medien in dieser Hinsicht keine Angriffsfläche zu bieten. Überdenkt man dies, so gibt es auch einen logischen Sinn dahinter, denn was wäre schädigender für den Ruf der Chefredakteurin, eines der wichtigsten Modemagazine dieser Welt, als dass sie selbst keine Ahnung von Mode hat, zumindest was ihren eigenen Stil betrifft.

Auffallend ist auch, wie häufig Anna Wintour über ihre Arbeit spricht und in welcher Intensität sie darüber berichten kann. Hierbei lässt sich vermuten, dass sie den Medien und Menschen zeigen möchte, welch hohen Stellenwert die Arbeit in ihrem Leben ein-nimmt. Man könnte sie als eine Art „Workaholic" bezeichnen, was für ihren Beruf natür-lich von Vorteil ist, denn sie trägt in ihrer Funktion als Chefredakteurin viel Verantwor-tung und muss wichtige Entscheidungen treffen. Wäre ihr dies egal, so könnte sie schnell missbilligende Kritiken bekommen oder gar ihren Job verlieren. Um dies zu vermeiden, stellt sie sich als eine, von ihrer Arbeit begeisterte, geradezu besessene Frau dar.

Da sie häufig über ihren Job, und somit über Mode, spricht, bekommt man auch einen Einblick in ihr damit verbundenes Fachwissen und den Gebrauch dessen. Hierbei ist auffällig, wie häufig sie dieses benutzt und wie wichtig ihr die korrekten Formulierungen sind. In Interviews bekommt man deshalb oft das Gefühl, sie versuche mit ihrem Wis-sen zu prahlen bzw. ihre Intelligenz deutlich hervor zu heben. Es scheint Anna Wintour sehr wichtig zu sein, dass die Menschen wissen, dass sie eine intelligente Frau ist, die Ahnung von ihrem Beruf hat und weiß was sie tut.

Es fällt auch auf, dass sie großen Wert darauf legt wie die Mode, und somit ihr Beruf, in der Welt angesehen wird. So ist es auch nicht verwunderlich, dass Anna Wintour häu-fig betont, wie wichtig die Mode heutzutage ist und dass es sich hierbei nicht nur um Kleidung handelt. Dass ein Modefoto ebenso viel über den Zustand der Welt, wie eine Überschrift der New York Times, verraten kann, gehört ebenfalls zu ihren Ansichten.[1] Dies zeigt, für wie bedeutsam sie die Mode, nicht nur für sich, sondern auch für den Rest der Welt, hält, und weshalb es ihr so wichtig ist für ihre Arbeit, in dieser anerkannt

---

[1] vgl. Vouge.de/Anna Wintour, 2008

zu werden. Zusammenfassend gewinnt man den Eindruck, Wintour möchte sich selbst als intelligente, bodenständige Frau darstellen, die ihrer Arbeit, die einen hohen Stellenwert in der Welt hat, regelrecht verfallen ist und genau weiß was sie tut.

3. Darstellung der Protagonistin in Buch & Film

3.1 Vorstellung der Protagonistin Miranda Priestly

Die Protagonistin, Miranda Priestly, wird als Miriam Princhek, einer jüdisch orthodoxen Familie im Londoner East End, geboren. Miriams Mutter stirbt bereits bei ihrer Geburt, sodass die Kinder von ihrer Großmutter, mütterlicherseits, aufgezogen werden. Der Vater, der insgesamt elf Geschwister, hat hin und wieder Aushilfsjobs, doch die meiste Zeit widmet er sich dem Studium jüdischer Schriften, was zur Folge hat, dass die Familie auf die Unterstützung der Gemeinde angewiesen ist. Im Grunde sind sie eine typisch jüdische Familie: ‚bettelarm und gottesfürchtig‘[1]. Die meisten der Geschwister folgen dem Beispiel des Vaters und verbringen ihre Zeit mit dem studieren religiöser Texte. Die anderen gingen zum Studieren auf die Universität. Nach Abschluss ihres Studiums heiraten sie sehr jung und gründen ihre eigenen Großfamilien. Miriam aber bricht als einzige die Familientradition. Sie spart das Geld, das sie von ihren älteren Geschwistern bekommt, und bricht drei Monate vor dem Abitur die Schule ab, um bei einem jungen Designer eine Stelle als Assistentin anzunehmen. Es dauert nur wenige Jahre, bis sie sich zum ‚Darling der Lodoner Modeszene‘[2] gemausert hat. Über die Jahre hinweg paukt sie Französisch, bis sie schließlich einen Job als Redaktionsassistentin bei der französischen Runway angeboten bekommt und dafür nach Paris geht. Zu dieser Zeit hat sie bereits kaum noch Kontakt mit ihrer Familie. Grund dafür sind die viel zu unterschiedlichen Lebensverhältnisse. Auch leidet sie unter dem fehlenden Verständnis der Verwandten und schämt sich ihrer Herkunft. Spätestens mit der Änderung ihres Namens, in Miranda Priestly, löst sich die 24-jährige Miriam endgültig von ihrer Familie. Selbst ihren ‚Cockney-Akzent‘[3] trainiert sie sich ab. Mit Ende 20 ist Miranda bereits zu einer Society-Lady herangereift und ihr Erfolg in der Welt der Modezeitschriften ist nicht mehr aufzuhalten. Nach 10 Jahren erfolgreicher Führung der französischen Runway, macht Elias Clark sie zur Herausgeberin der amerikanischen Runway. Da sich damit für sie ein Lebenstraum erfüllte, zieht sie mit ihren beiden Töchtern,

---

[1] Weisberger 2004, S.54
[2] Weisberger 2004, S.55
[3] Weisberger 2004, S.55

Cassidy und Caroline, sowie ihrem damaligen Mann, einem Rockstar, der sein Glück in Amerika versuchen wollte, in die Staaten, genauer gesagt nach New York. Seit fast sechs Jahren leitet Miranda Priestly nun die amerikanische Ausgabe der Zeitschrift Runway[1].

3.2 Darstellungen der Protagonistin in Buch & Film anhand ausgewählter Beispiele

Miranda Priestly ist die Protagonistin des Bestsellers *Der Teufel trägt Prada*, ebenso wie sie die Protagonistin der gleichnamigen Verfilmung ist. Da die Unterschiede in der Darstellung, zum Großteil in der Rahmenhandlung, sowie dem Charakter Andrea Sachs zu finden sind und diese Veränderungen für das Bild der Protagonistin und so-mit für diese Arbeit irrelevant sind, wird im Folgenden keine Unterscheidung zwischen Buch und Film vorgenommen. Lediglich kleinere, aber für die Person Miranda Priestly ausschlaggebende, Veränderungen werden explizit in Buch- und Filmbetrachtung auf-geteilt.

Das erste, was man an einem Menschen bemerkt, ist sein Äußeres. Dieses ist natür-lich auch ein Teil der Darstellung von Miranda Priestly. Hierbei ist eine Unterscheidung in Buch und Film notwendig, da es auffallende, äußerliche Verschiedenheiten gibt. Im Buch wird Miranda als eine sehr magere, zierliche sowie kleine Person beschrieben. Sie ist sehr feminin und macht im ersten Moment keinen sonderlich furchterregenden Eindruck. Ihr Haar ist blond gefärbt, meist zu einem lockeren Knoten zusammen ge-bunden. Dadurch wirkt sie weniger streng aber auch nicht zu leger.[2] Im Film hingegen ist Miranda Priestly – alias Merryl Streep – eine eher impulsive Gestalt. Sie ist zwar ebenfalls feminin gekleidet, doch erhält man bei ihr nicht den Eindruck einer zarten, hageren Person. Sie wirkt durch ihre Mimik ein wenig einschüchternd auf ihr Gegen-über, sie hat durchaus harte Gesichtszüge. Auffallend ist ihr sehr gepflegtes Äußeres, wozu auch ihre graue, perfekt sitzende, Haarpracht gehört.[3]

Geduld ist eine Tugend die nicht jeder hat, zu diesen Menschen gehört auch Miranda Priestly, denn bei ihrer Person handelt es sich um eine äußerst ungeduldige Frau. Auf-fällig wird diese Eigenschaft in Szene 5 des Films. In dieser Sequenz wird Andrea von

---

[1] Alle Informationen dieses Kapitels vgl. Weisberger 2004, S.54-55
[2] vgl. Weisberger 2004, S.32-33
[3] vgl. Frankel 2006, ab Szene 2

Mirandas Seniorassistentin, Emily, morgens um viertel nach sechs aus dem Bett gerufen, weil Miranda ihren Kaffee möchte. Andrea begibt sich umgehend auf den Weg, doch trotz ihrer Eile ist Miranda bereits wenige Minuten nach dem Anruf erbost, sie möchte von Emily wissen warum ihr Kaffee noch nicht da ist und ob Andrea unterwegs eventuell gestorben sei.[1] Deutlich ist die Ungeduld hierbei an Mirandas Aussage zu erkennen, denn der Zeitraum, in dem Andrea den Kaffee holt, kommt ihr genauso lange vor, wie der, in dem ein Mensch stirbt, was natürlich eine völlige Übertreibung ist. Auch das Buch hält für diesen Charakterzug ein passendes Beispiel bereit. Diese Szene spielt sich am Telefon ab, denn Miranda ist im Ausland unterwegs und möchte, von dort, telefonisch mit Karl Lagerfeld verbunden werden. Da Emily Mirandas Ungeduld bereits kennt, rechnet sie sich und Andrea eine Zeitspanne von 30 Sekunden aus, die den beiden zur Verfügung steht, um den Modezaren ans Telefon zu bekommen. Da dies aber, aufgrund seiner vielen Kontaktadressen, unmöglich ist, wird die Chefin ungeduldig. Noch bevor die von Emily berechnete Zeit abgelaufen ist, beendet Miranda das Gespräch. Nur wenige Sekunden später ruft sie wieder an und hofft auf neue Ergebnisse. Doch auch diesmal wird sie enttäuscht. Natürlich wählen sich die Assistentinnen weiter durch die lange Liste der Telefonnummern, doch auch dieses Mal geht es Miranda nicht schnell genug, sodass sie allmählich sauer wird.[2] Auch diese Szene verdeutlicht die Ungeduld der Chefredakteurin, da sie, geradezu in einer Hetzjagd, ihre Assistentinnen unter Druck setzt, nur für eine einzelne Telefonnummer. Auch in Szene 26 des Streifens, der Teufel trägt Prada, ist ein Beispiel zu finden. Hierbei handelt es sich um eine Aussage von Miranda Priestly selbst: „Geht es bitte noch etwas langsamer, sie wissen wie ich Hektik verabscheue."[3] Die ironische Formulierung ihres Satzes lässt hierbei auf die Ungeduld schließen, da sie zum Ausdruck bringen möchte, dass ihr der Vorgang in dieser Sequenz noch nicht schnell genug voran geht.

Ein weiteres Merkmal der Darstellung der Protagonistin in Buch und Film, ist ihre Unbeliebtheit bei den Angestellten. Deutlich wird dies in einer der vielen Szenen in der Andrea Sachs über ihre Chefin spricht. Die Aussage: „Ich hatte beschlossen, optimistisch zu bleiben. Vielleicht würde sie an einer seltenen exotischen Krankheit sterben. Das wäre für alle Mitarbeiter eine Erlösung."[4], zeigt das Miranda in einem hohen Grad unbeliebt sein muss, denn Andrea würde einen solchen Schicksalsschlag wohl kaum

---

[1] vgl. Frankel 2006, Szene 5 (ab Minute 11)
[2] vgl. Weisberger 2004, S.279-281
[3] Frankel 2006, Miranda Priestly, Szene 26 (ab Minute 77)
[4] Weisberger 2004, S.16

Freunden bzw. Menschen, die sie gerne hat, wünschen. Auch lässt die sehr direkte Wortwahl in dieser Aussage auf die Unbeliebtheit schließen. Die fleißige Juniorassistentin liefert im Verlauf der Geschichte noch eine weitere treffende Bemerkung über Mirandas Stellung bei ihren Angestellten. „Sollte ich sie umbringen? Und wenn ja, würde man mich überführen können? Wäre ich automatisch die Hauptverdächtige? Natürlich nicht, schließlich hatte – zumindest bei Runway – jeder ein Motiv."[1] Auch dieses unverblümte Beispiel zeigt wie unbeliebt, ja geradezu verhasst Miranda Priestly bei ihren Angestellten ist.

Mrs. Priestly zählt zu ihrem umfangreichen Repertoire an Eigenschaften, auch die Hinterhältigkeit und Boshaftigkeit. Zu sehen ist dies in Szene 22 und 23 des Films der *Teufel trägt Prada*. In dieser Szene beschließt Miranda, ihre Assistentin Emily nicht nach Paris auf die Fashionweek mit zu nehmen. Stattdessen möchte sie Andrea mitnehmen. Diese weiß aber, wie wichtig ihrer Kollegin diese Reise ist und bittet Miranda um Nachsicht. Der Protagonistin ist dies allerdings egal und so beschließt sie kurzer Hand, dass Andrea Emily von der verpatzten Reise erzählen – ihren Traum zerstören – muss. Trotz Andreas oftmaligem Bitten um eine andere Lösung, lässt sie nicht ab von ihrem Vorhaben und zwingt Andrea zu dieser unschönen Aufgabe.[2] Hieran erkennt man die Boshaftigkeit Mirandas sehr gut, da keine gute – nette – Chefin solch ein Opfer von ihrer Angestellten verlangen würde. Andrea weiß, wie enttäuscht Emily sein wird und leidet darunter, diejenige zu sein, die ihr die schlechte Nachricht überbringen muss. Dies ist Miranda doch herzlich egal und sie sorgt somit, nur aus Boshaftigkeit, dafür, dass sich beide Assistentinnen schlecht fühlen. Ein weiteres Beispiel für diesen Charakterzug sind die nahezu unlösbaren Aufgaben, die sich Miranda Priestly, nur zur eigenen Belustigung bzw. Bestrafung ihrer Assistentinnen, ausdenkt. Eine dieser Aufgaben wird Andrea zuteil. Sie hat gegen eine, von Mirandas Regeln verstoßen und muss nun dafür büßen. Zunächst scheint die Aufgabe nicht sehr schwer zu sein, denn Miranda möchte lediglich das neue Harry Potter Buch für ihre beiden Töchter. Doch bevor Andrea durchatmen kann, verschärft sich die Lage. Die Zwillinge besitzen bereits alle veröffentlichen Bücher der Harry Potter Reihe und so möchte Miranda, dass Andrea, das bisher unveröffentlichte Manuskript des nächsten Bandes besorgt. Das ganze innerhalb von vier Stunden und mit der Klausel, dass sie bei einem Fehlschlag ihren Job verliert.[3] Diese Szene hebt besonders prägnant die Boshaftigkeit Mirandas hervor.

---

[1] Weisberger 2004, S.128
[2] vgl. Frankel 2006, Szene 22 (ab Minute 64) und Szene 23 (ab Minute 67)
[3] vgl. Frankel 2006, Szene 18 (ab Minute 47)

Fast nichts ist so schwierig, wie ein unveröffentlichtes Manuskript als Außenstehender in die Hände zu bekommen. Nicht, dass es genügen würde, ihr diese Aufgabe aufzubürden, nein, Miranda gibt ihr nicht einmal annähernd genug Zeit dafür, sie setzt sogar noch Andreas Job aufs Spiel. Was das für eine seelische Belastung und ein Druck für die Assistentin sein müssen, ist kaum auszumalen. Doch auch hier ist es Miranda wieder egal, wie es Andrea dabei geht. Auch im Film ist hierzu noch ein weiteres, treffendes Beispiel zu finden. In dieser Sequenz steht Mirandas Job auf dem Spiel. Ursprünglich geplant war, das Jaqueline Folé, die französische Runway Chefredakteurin, ihren Platz einnimmt. Miranda möchte dies aber unter allen Umständen vermeiden und so schmiedet sie ohne Rücksicht auf Verluste, ein Komplott gegen Jaqueline. Mit hineingezogen wird Nigel, Mirandas rechte Hand. Er erhält ein sehr lukratives Jobangebot. In die Firma des jungen Designers James Holt wird investiert, dieser braucht noch einen Partner, wofür Nigel perfekt wäre. Nigel ist deshalb Feuer und Flamme, er hofft, so bald wie möglich, einsteigen zu können. Doch daraus wird nichts, denn Miranda sorgt dafür, dass diese Stelle an Jaqueline Folé geht und Nigel somit darauf verzichten muss. Dies ist für Miranda aber nicht allzu schlimm, denn durch den Wegfall ihrer Konkurrentin ist ihr Job wieder sicher. Um keine Widerworte zu erhalten, hält Miranda ihre ganze Verschwörung geheim, bis sie, auf der Feier für James Holt, in einer öffentlichen Rede ihre ganzen Umgestaltungen preisgibt. Diese Neuigkeiten betrüben Nigel sehr, denn er hatte gehofft, nach 18 Jahren Runway endlich mal wieder etwas Neues machen zu können.[1] Natürlich ist es verständlich, dass niemand gerne seinen Job verliert, doch was Miranda Nigel angetan hat, ist unverzeihlich. Eine solche Gemeinheit wünscht man keinem Feind und erst recht keinem Freund. Er opferte 18 Jahre seines Lebens für sie, und das ist der Dank? Dies zeigt, dass Miranda Priestly ein boshafter, hinterhältiger Mensch ist.

Ein weiteres Merkmal von Miranda Priestlys Charakter ist, dass sie einschüchternd auf ihre Angestellten wirkt. Auffallend ist dies in der Szene, in der Andrea den Porsche von Miranda Priestly zu ihr nach Hause fahren soll. Während der Fahrt grübelt sie vor sich hin: „Schlimmer kann es nicht kommen, dachte ich, als schon wieder ein Taxi bis auf zwei Zentimeter auf den Porsche auffuhr. Eine Schramme, ein Kratzer, und ich war mindestens meinen Job los, wenn nicht mein Leben."[2] Durch diesen Gedankengang wird die einschüchternde Wirkung Mirandas auf Andrea deutlich. Unfälle passieren,

---

[1] vgl. Frankel 2006, Szene 27 (ab Minute 81) und 30 (ab Minute 89)
[2] Weisberger 2004, S.12

wieso sollte Andrea also in eine solche Panik, wegen des Porsches, verfallen. Die einzige Erklärung dafür ist, dass sie sich vor ihrer Chefin fürchtet, denn unter anderen
Umständen könnte man sicherlich für alles eine Lösung finden, ohne dass Andrea ihren Job oder ihr Leben verliert. Ein ebenfalls passendes Beispiel findet sich auf Seite
168 des Romans. Bei diesem Zusammentreffen zwischen Andrea und Benji, einem Ex-
Lover von Andreas bester Freundin, kommt das Thema auf Miranda. Da Andrea zu
diesem Zeitpunkt, ziemlich genervt von ihr ist, fängt sie an Benji alles zu erzählen was
sie an ihrer Chefin hasst, wie furchtbar sie sie findet. Doch schnell bekommt sie Angst,
regelrecht Panik, Benji könnte einer von Mirandas Lakaien, oder noch schlimmer, ein
Reporter sein. Um zu verhindern, dass irgendetwas von dem Gesagten zu Miranda
durchdringt, setzt Andrea den berühmten Runway-Rückzieher ein. Bei diesem Rück-
zieher handelt es sich um eine Art automatische Schadensbegrenzung. Diese setzt
ein, sobald irgendwelche Runway-Mitarbeiter schlecht über Miranda sprechen und
dann Angst bekommen, sie könnte es erfahren. Bevor es also zu spät ist nehmen sie
das Gesagte zurück oder formulieren es letztendlich doch noch in ein Kompliment um.
So auch Andrea. Sie erzählt daraufhin Benji, wie verständlich sie Mirandas Verhalten
findet, da sie ja so viel geleistet hat.[1] Auch dieses Beispiel zeigt deutlich Mirandas einschüchternde Wirkung. Wenn Andrea schon bei einem vollkommen Außenstehenden
eine Art Panikanfall bekommt, nur aus Angst, Miranda könnte herausfinden, was sie
über sie denkt, dann liegt doch auf der Hand, dass sie sich von ihrer Vorgesetzten ein-
schüchtern lässt. Dies lässt zu dem Schluss kommen, dass Miranda eine einschüchternde Wirkung auf ihre Angestellten hat.

Wie bei Anna Wintour, ist es auch bei der Protagonistin des Buches & Filmes sehr
schwer, positive Darstellungsweisen zu finden. Doch einer der wenigen positiven
Aspekte, der von ihr bekannt ist, ist das Miranda Priestly eine wichtige, sehr mächtige
Persönlichkeit ist. Ein Beispiel hierfür findet sich im Buch auf Seite 27. Andrea stellt
sich in dieser Szene bei Runway vor, und da sie zu diesem Zeitpunkt weder eine Ahnung hat wer Miranda Priestly ist, noch warum sie sie kennen sollte, klärt Sharon, eine
Mitarbeiterin von Runway, sie darüber auf: „Miranda Priestly ist die einflussreichste
Frau in der Modebranche und eine der prominentesten Zeitschriftenherausgeberinnen
der Welt."[2] Eine Aussage, wie diese, lässt ganz deutlich auf die Macht und den Status
– die Wichtigkeit für die Modewelt – schließen, sie zeigt, dass die Mitarbeiter von Miranda durchaus zu schätzen wissen, wie wichtig und mächtig ihre Chefin ist. Ein

---

[1] vgl. Weisberger 2004, S.168
[2] Weisberger 2004, S.27

weiteres Beispiel findet sich in Szene 17 der Verfilmung. In dieser Sequenz sind An-drea, Nigel und Miranda bei einer Preview der Kollektion von Designer Tom Fort. Mi-randa findet diese allerdings überhaupt nicht gut, was den Designer zur Verzweiflung treibt. Andrea ist durch dieses Verhalten verwirrt und möchte von Nigel wissen, wes-halb der Designer so verzweifelt ist.[1] Nigel antwortet daraufhin brüskiert: „Du hast es immer noch nicht verstanden oder? Ihre Meinung ist die einzige, die zählt?".[2] Wäre Miranda eine unwichtige Person, so hätte Tom Fort nichts zu befürchten, doch die Aussage von Nigel zeigt eindeutig, wie viel Gewicht Mirandas Meinung hat, und somit, wie mächtig sie ist. Diese beiden Beispiele lassen keinen Zweifel daran, dass Miranda Priestly eine wichtige, mächtige Frau in der Modebranche ist.

Ein weiterer positiver Aspekt in der Darstellung Mirandas ist die Bewunderung, die die Menschen für Miranda empfinden. Passend hierfür ist folgendes Beispiel: „ Aber was ich noch sagen wollte, Andrea. Sie scheinen ja wirklich einen tollen Job zu haben. Es muss sehr interessant sein, für so eine begnadete Persönlichkeit zu arbeiten. Sie kön-nen sich wirklich glücklich schätzen."[3] Diese Aussage entsteht während einem Tele-fongespräch, dass Andrea mit der Sekretärin einer Grundschule führt. Hierbei ist die Bewunderung auffallend, da die Sekretärin Miranda nicht einmal kennt und nur durch ihre Arbeit bzw., was sie über Mrs. Priestly gelesen hat, eine solche Bewunderung für sie entwickelt hat. Auch sehr treffend, wird die Bewunderung in einer Szenerie der Ver-filmung beschrieben. Hier kommt Mirandas Seniorassistentin Emily zum Zuge. Sie er-klärt Andrea, weshalb Miranda so bewundernswert ist: „ Sie ist die Chefredakteurin von Runway und nebenbei eine Legende. Wer ein Jahr für sie gearbeitet hat, kann danach einen Job bei jedem Magazin dieser Welt kriegen. Millionen Frauen würden dafür ster-ben."[4] Bewunderung kann unterschiedliche Formen annehmen. Hier bewundert Emily Miranda. Sie nennt sie eine Legende, weil sie ihrer Meinung nach für ihre Arbeit diese Betitelung verdient, also bewundert sie Miranda, in diesem Fall, für ihre geleisteten Erfolge. Auch auf den Seiten 274-275 des Romans ist eine passende Sequenz zu fin-den. In dieser Szene versuchte Andrea, Emily nach einem harten Arbeitstag ein wenig aufzubauen. Doch auf die falsche Weise, denn sie spricht von den schlechten Seiten Mirandas und das Emily nichts dafür kann, dass diese Frau so ist, wie sie ist. Bis bei Emily der Kragen platzt. Sie hat genug davon, immer nur Andys Hetzparaden auf

---

[1] vgl. Frankel 2006, Szene 16 (ab Minute 42)
[2] Frankel 2006, Nigel, Szene 16 (ab Minute 43)
[3] Weisberger 2004, S.191
[4] Frankel 2006, Emily, Szene 2 (ab Minute 3)

Miranda mit anhören zu müssen, sie erklärt ihr, wie sie das sieht: „Und wenn du sagst, Miranda wäre eine Irre – also ich denke mal, es gibt da sehr, sehr viele Leute, die finden, dass sie enorme Gaben und Talente und unheimlich was drauf hat, und die eher dich für eine Irre halten, weil du nicht alles daransetzt, einer Frau von diesem unglaublichen Format zuzuarbeiten. Denn das ist sie, das ist sie wirklich!"[1] Daraufhin beginnt Andrea zu grübeln, sie stellt fest, dass auch sie Miranda für talentiert hält und sie für ihre Arbeit bewundert.[2] Diese Szene erklärt die Bewunderung fast von selbst, denn in den hohen Tönen, in denen Emily von Miranda schwärmt, ist eine Bewunderung kaum noch auszuschließen, es ist geradezu eine Ode an Miranda. Dies alles zeigt, dass Miranda Priestly ein bewundernswerter Mensch ist.

Vor Abschluss der Darstellung ist es noch wichtig eine Veränderung, zwischen Buch und Film, die gegen Ende der Geschichte zu tragen kommt, zu erwähnen. Trotz der vorhandenen positiven Seiten, wird Miranda Priestly doch überwiegend schlecht und böse vorgestellt. Zumindest im Buch wird sie bis zum Schluss als der „Teufel" dargestellt, den der Titel verspricht. Im Film jedoch haben die Macher gegen Ende zwei Szenen (26 und 33) eingebaut, in denen Miranda, doch noch Sympathien erhält, es wird sogar ein gewisses Verständnis, für ihre Person, beim Zuschauer geweckt. Sie ist verletzlich. Die Verletzlichkeit zeigt sich vor allem in Szene 26, in der Miranda aufgelöst auf der Couch ihres Hotelzimmers von Andrea angetroffen wird. Sie beginnt von ihrer bevorstehenden Scheidung zu sprechen und erklärt Andrea, wie unfair sie das gegenüber ihrer Töchter findet. Sie möchte die beiden nicht verletzen.[3] Vermutlich wurde dies eingebaut, um dem Ganzen ein wenig mehr Realität einzuhauchen, bzw. ihr Verhalten nachvollziehbarer zu machen.

Alles in Allem unterscheiden sich die Darstellungen der Protagonistin aber nur gering. Man könnte zusammenfassend sagen, Miranda Priestly ist eine unbeliebte, wie gemeine Vorgesetzte, mit viel Macht. Sie wirkt auf ihre Angestellten einschüchternd und verbreitet teilweise sogar Angst unter ihnen. Ihre Ungeduld treibt ihre Mitarbeiter fast in den Wahnsinn. Doch trotz ihrer Unbeliebtheit verdient sie Bewunderung für ihre Arbeit sowie ihre damit verbundenen Erfolge.

---

[1] Weisberger 2004, S.274
[2] vgl. Weisberger 2004, S.274-275
[3] vgl. Frankel 2006, Szene 26 (ab Minute 77)

4. Vergleich der Darstellung in Buch, Film & Medien

Miranda Priestly – Anna Wintour, gibt es Gemeinsamkeiten, Unterschiede? Im folgenden werden noch einmal kurz die bereits beschriebenen Charakterzüge verglichen, um herauszufinden, wie viel Ähnlichkeit zwischen den beiden Frauen wirklich besteht. Gemeinsamkeiten gibt es einige, z.B. die einschüchternde Wirkung, welche, die beiden auf ihre Angestellten haben. Auch für mächtig werden beiden Frauen gehalten. Sogar eine der wenigen positiven Eigenschaften teilen sich Anna Wintour und Miranda Priestly, denn die Bewunderung für ihre Arbeit, wird beiden zu Gute geschrieben. Doch auch gewisse Unterschiede fallen auf. Bei Anna Wintour wird von ihrem abgeschotteten, geradezu unnahbarem Leben gesprochen, diese Zurückgezogenheit ist bei Miranda Priestly nicht zu finden, betrachtet man die Darstellung ihrer Person. Bei Miranda hingegen treten, die Unbeliebtheit bei den Angestellten, sowie auch die Gemeinheiten Ihnen gegenüber, häufig auf. Diese Eigenarten tauchen in Berichterstattungen über Anna Wintour nicht sehr oft auf, wobei auch hier eine gewisse Gemeinsamkeit bestehen müsste, denn wenn eine ehemalige Mitarbeiterin ein Buch, mit so scharfen Anschuldigungen schreibt, so kann sie bei ihr nicht sonderlich beliebt gewesen sein. Zusammenfassend fällt auf, dass die Frauen wahrscheinlich mehr gemeinsam haben, als Anna Wintour zumindest lieb ist. Wobei auch erwähnt werden muss, dass die Darstellung Miranda Priestlys natürlich überspitzer ist, wie die von Anna Wintour.

5. Zusammenfassung und Ausblick: Von der einflussreichsten Modejournalistin zum Hassobjekt der Designer

Kann ein Mensch überhaupt als Teufel bezeichnet werden? Ich denke nicht, denn schließlich wird der Teufel als Personifizierung des Bösen beschrieben. Ein Mensch kann, meiner Meinung nach, höchstens teuflische Eigenschaften besitzen, warum sollte man denn sonst dieses Wesen schaffen, wenn jeder normale Mensch zum Satan werden kann? Was also ist die Antwort auf meine, eingangs gestellte, Frage: „Ist Anna Wintour bzw. Miranda Priestly wirklich so ein ‚Teufel'?". Die Antwort ist ja und nein. Nein weil ich, wie bereits erwähnt, finde, dass kein Mensch so schlimm sein kann, als das er die Betitelung „Teufel" verdient. Ja, weil Beide durchaus teuflische Eigenschaften inne haben. Betrachtet man all die unguten Charakterzüge dieser beiden Frauen, so kann man leicht einen schlechten Eindruck von ihnen gewinnen. Ihre Angestellten können sie nicht leiden und fürchten sie sogar zum Teil. Sie sind gemein und das nicht gerade selten. Wieso also Verständnis haben? Wieso Mitleid verspüren? - weil sie es verdienen. Ich würde nicht gerne ihre Stellung einnehmen. Sie üben einen Beruf aus, der nicht nur mit viel Arbeit, sondern auch mit enormen Zeitaufwand, vielen Opfern, wichtigen Entscheidungen, öffentlicher Kritik und persönlichem Verzicht verbunden ist. Diesen Beruf finde ich nicht beneidenswert, und doch kann man, zumindest als Frau, ein wenig verstehen, was sie an diesem Business reizt. Zu Beginn dieser Arbeit war ich fest davon überzeugt, meine eingangs gestellte Frage mit einem klaren Ja beantworten zu können, doch ich war ein wenig zu voreilig. Diese Frauen verdienen Mitgefühl. Sie opfern ihr gesamtes Leben der Modebranche und ihrem Job als Chefredakteurin. In diesem Bereich sind sich auch alle einig darüber, dass Miranda und Anna Anerkennung verdienen. Doch warum wird davon so selten berichtet? Warum werden immer nur die schlechten Seiten an die Öffentlichkeit herangetragen? Ich denke, weil sie sich besser verkaufen, denn Menschen sind klatschsüchtig. Skandalgeschichten oder einfach nur negative Berichterstattungen kommen bei den Lesern besser an, als die guten Stories. Der Roman, *der Teufel trägt Prada*, sowie die gleichnamige Verfilmung sind ein passendes Beispiel hierfür. Wäre dies eine zuckersüße Geschichte, eine Lobeshymne auf die beiden Frauen, so, und da bin ich mir ziemlich sicher, wäre der Erfolg entweder nicht halb so groß gewesen, oder sogar ausgeblieben. Gerade diese scharfe Kritik und die Ähnlichkeit zwischen der gemeinen Vorgesetzten und der ehemaligen Chefin der Autorin, haben die Geschichte zu dem gemacht, was sie ist.

Doch was wird mit Anna Wintour? Schließlich muss sie in dieser Welt leben. Miranda Priestly ist nur eine fiktive Person, ihr macht das alles nichts aus. Zu Beginn ihrer Karriere feierte Wintour überwiegend Erfolge, sie musste sich nur selten mit einem Misserfolg grämen. Doch in letzter Zeit werden die Erfolge weniger. Auch ihre Stellung als Chefredakteurin, der amerikanischen Vogue, ist nicht mehr die, die sie einmal war. Plötzlich muss sie sich auch noch in den Bereichen, in denen sie bisher nichts zu befürchten hatte, rechtfertigen. Sie ist die erfolgreichste Modejournalistin der Welt, doch sie wird immer mehr zum Hassobjekt der Designer. Sie mischt sich zu sehr ein, kann mit ihrer Macht nicht mehr richtig umgehen, auch in ihrem Beruf ist sie schon bald nicht mehr die Beste. Man spricht sogar schon vom Ende der Wintour-Ära, man erwägt bereits eine personelle Neubesetzung an der Spitze des Modemagazins. Doch egal, was in nächster Zeit geschehen mag, sollte Anna Wintour ihre Stelle aufgeben müssen, so wird sie mit einem großen Knall gehen. Ich bin mir auch ziemlich sicher, dass sie die berühmteste und, trotz allem, beliebteste Vogue-Chefredakteurin war, ist und immer bleiben wird.

Quellenverzeichnis

1. Primärquellen

1.1 Printmedien

1.1.1 Selbstständige Werke:

- **Weisberger, Lauren:** Der Teufel trägt Prada. München (Goldmann), 17. Auflage, erschienen 2004

1.2 Elektronische Medien:

1.2.1 DVD:

- **Frankel, David:** Der Teufel trägt Prada. FOX 200 Pictures 2006 (DVD)

1.2.2 Internet (www-Adressen):

- **Brockes, Emma:** What lies beneath. Guardian.co.uk, 27. Mai 2006

- **Givhan, Robin:** The Editor who keeps Vogue in Fashion. Washingtonpost.de, 29. Juni 2008

- **Gould, Simon:** Our Heat-Wave Moment with Anna Wintour. Nymag.com, 6. November 2008

- **Gruner+Jahr:** Der Thron von Mode-Päpstin Anna Wintour wackelt. Gala.de, 27. Februar 2008

- **Hanskainz:** Leg dich nicht mit der Vogue Chefin Anna Wintour an. vanityblog.de, 4. Oktober 2007

- **Jensen, Lars:** Die Frau, die aus der Kälte kam. Stern.de, 28. September 2006

- **Khayyer, Jina:** Der Teufel im Detail. Vanityfair.de, 19. Juni 2007

- **Luft, Marcus:** Ihr Thron wackelt. Gala.de, 14. September 2008

- **Neubauer, Rita:** Der langsame Abstieg der Anna Wintour. Tagesspiegel.de, 17. März 2008

- **Nolan, Hammilton:** Is Anna Wintour locked in a Feud with Interview?. Gawker.com, 3. Juli 2008

- **Reich, Anja:** Frau im Spiegel. Zeit.de, 30. September 2004

- Anna Wintour, Vogue.de, Stand: 18.07.2008

- Anna Wintour, Wikipedia.de, Stand: 18.07.2008

- Soll die mächtige Anna Wintour gestürzt werden?. Bild.de, 28. Februar 2008

- http://de.youtube.com/watch?v=EEkmKyBzDOE (Stand: 27.09.2008)

- http://de.youtube.com/watch?v=HayzqNstt4g (Stand: 27.09.2008)

- http://de.youtube.com/watch?v=_WF69m7CBS8 (Stand: 27.09.2008)

2. Sekundärquellen

2.1 Elektronische Medien:
2.1.1 Internet (www-Adressen):

- Der Teufel trägt Prada, Wikipedia.de, Stand: 18.07.2008